बारिश की बूंदें
(गीत संग्रह)

कु. पूजा दुबे

Delhi-110089, India

प्रथम संस्करण : 2021
ISBN : 978-93-90889-53-2

मूल्य : 200/-

© सम्बंधित रचनाकार के अधीन
आवरण : ज्योति

बारिश की बूंदें (गीत संग्रह)
कु. पूजा दुबे

Barish ki boonde (Geet Sangrah)
By Ku. Pooja Dubey

Published by
PRAKHAR GOONJ PUBLICATION
Delhi-110089
E.mail : prakhargoonj@gmail.com
        sinha.neelu123@gmail.com
Ph. : 011-27851059, 7982710571, 7838505899
Web : prakhargoonjpublications.com

समर्पण

माँ शारदे को नमन करते हुए
मेरे पूजनीय माता-पिता
को सादर समर्पित!

विनम्र निवेदन आपसे

जीवन का यथार्थवादी नजरिया, बेहतरीन जीवन के अनेक संभावनाओं को जन्म देता है। उन संभावनाओं में कभी जय कभी पराजय मिलती है। जब खुशी आती है, पराजय हतोत्साहित करती है। दोनों स्थिति में कविता जन्म लेती है। मेरे अंतस्थल से निकले गीत, नवगीत, गजल और दोहे इन्हीं परिस्थितियों के साक्षी हैं। मैं प्रतिदिन सीखती हूँ, हर किसी से, जो भी आँखें देख पाती हैं, कान सुन पाते हैं। यही नहीं शांत पलों में जो भी ख्याल आते हैं, ये चेतन और अवचेतन दोनों क्षेत्रों से आते हैं, उन्हें शब्दों में ढालने की कोशिश करती हूँ। कवि दृष्टा होता है, उसे सब कुछ साफ दिखाई पड़ता है।

कभी-कभी सवाल करते हुए दृश्य उपस्थित हो जाते हैं। भरसक कोशिश होती है, उत्तर देने की, परन्तु यह हमेशा नहीं हो पाता। कभी-कभी उत्तर नहीं मिलते, उत्तर खोजने निकल पड़ती हूँ, वन उपवन तो कभी सिर लगाए इंसानी जंगलों में, इसी कोशिश में कुछ शब्द कागज में उतर आते हैं।

आपने उन्हें गीत, दोहा, गजल और भी बहुत-से नाम दिए हैं, मगर यह कविता है। पूरा संसार कवित्वमय है, संसार में गोचर-अगोचर हर वस्तु काव्यमय है, इसीलिए संसार सुंदर और नयनाभिराम है। इसकी सुंदरता को अक्षुण्ण रखने की जिम्मेदारी हम सबकी है। ऐसा हो नहीं रहा है, जो हो रहा, वह तकलीफदेह है, जीवन के लिए बहुत कष्ट दायक है। कविता यहाँ भी खामोशी अख्तियार नहीं करेगी, बोलेगी, चीखेगी, चिल्लाएगी। सम्भवतः ऐसा ही कुछ मंजर मेरी आँखें देख रही

हैं----तभी ऐसे सवालात जेहेन से उतरकर शफ्फाक कागज के केनवास पर ठहर गए।

'धुआँ-धुआँ है आलम सारा।
रात जला है जाने क्या क्या।'

मेरी उम्र अभी सीखने-समझने की है। यह पुस्तक सीखने की प्रक्रिया का एक प्रतिफल है। मैं बहुत खुशनसीब हूँ, मेरे माँ-बाप मेरी हमेशा से हौसलाअफजाई किये हैं। मननशील लोग सदैव साहित्य के पक्षधर रहे हैं। साहित्य समाज का आईना है, ऐसा कहा है, मैं पूर्ण सहमत नहीं हूँ। मेरा मानना है, साहित्य समाज का लीडर है, नेतृत्त्व कर्ता है, बशर्ते इस लायक साहित्य रचे जाएं तब। बारिश की बूंदें मेरा प्रथम काव्य संग्रह है। कुदरत के रंग, आध्यात्म, समाज, राजनीति, मानव जीवन को प्रभावित करने वाले प्रमुख आधार हैं यही भाव इस काव्य संग्रह में संजोये गये हैं।

प्रखर गूँज पब्लिकेशन की डायरेक्टर आदरणीया नीलू सिन्हा जी को धन्यवाद करती हूँ, जो 'बारिश की बूंदें' को आकर्षक कलेवर में सजाई हैं। रीवा मध्यप्रदेश के ख्यातिलब्ध साहित्यकार श्री रामानुज अनुज का हार्दिक अभिनंदन, धन्यवाद आपका सहयोग और मार्गदर्शन मुझे सतत मिलता रहा है।

इस पुस्तक के प्रकाशन में जिनका भी जरा सा भी सम्बल-सहयोग मिला है, सबका धन्यवाद करती हूँ। मई का आध ा महीना बीत गया, वैश्विक महामारी कोरोना की वजह से हम सब घर में कैद है। इंद्र देव भी आकाश में बादलों को लेकर सर्वत्र फिर रहें हैं, बरसात हो रही है। हरारत का नामोनिशान नहीं, वातायन में हल्की शीतलता है।

आज सूर्य देवता निकले नहीं, देव! मैं आपकी सम्पूर्ण अरूणिमा को प्रणाम करती हूँ, आपकी पवित्र रोगमुक्ति दायक किरणों को आत्मसात कर सम्पूर्ण जगत में विस्तारित कर खुशहाली की मंगल कामना करती हूँ।

'बारिश की बूंदें' प्रकाशन के साथ ही सम्पूर्ण संसार की हो जाएगी। अन्ततः एक नम्र निवेदन है, जब बारिश की बूंदें आपके हाथ में हो, इसके सिक्त शब्दों को जरूर पढ़ें, प्यार-दुलार दें, यही कवियित्री का इनाम है। एक छोटी कविता के साथ अपना कथन समाप्त करती हूँ।

मैं चाहती हूँ,
बूंदों से बात करना,
बूंदें जो बरस रही हैं बाहर।
कई बार बूंदों की झालरें,
चली आती हैं,
बिना बुलाए मेहमान की तरह,
मेरे पास।
सच कहूँ उस समय मैं, तैयार नहीं होती हूँ,
बूंदों से बात करने के लिए,
एक मूड दरकार होता हैं,
क्यों नहीं समझती बूंदें,
इतनी छोटी-सी बात??

कु. पूजा दुबे
सागर, मध्यप्रदेश

भाव और छंद की संगीतमय जुगलबंदी 'बारिश की बूंदें'

जिस उम्र में लोग कविता की संकरी, टेढ़ी-मेढ़ी पगडंडी नुमा, सपाट, उतार-चढ़ाव की गलियों में चलने की कोशिश करते हैं। बारम्बार गिरते हैं, सम्भलते हैं, उठते हैं, फिर थोड़ा चलते हैं, फिर गिर जाते हैं, उस वय में पूजा दुबे का काव्य संग्रह 'बारिश की बूंदें' मेरे लिए आश्चर्य मिश्रित हर्ष प्रदायक है। काव्य संग्रह में कुल ४५ गेय गीत, ३८ दोहे १२ गजलें, कुल ९५ रचनाओं का समावेश है, जो कवियित्री के बहुआयामी सृजन के सबूत हैं।

इंद्रधनुष के सात रंग होते हैं, यहाँ गीतों के विविध रंग हैं। संग्रह का पहला गीत झकझोर देता है, हृदय के तार-तार झनझना उठते हैं।

'ऐ काल रात्रि! दृग खोल सखी'
स्वप्नों की नब्ज टटोल सखी।

कालरात्रि रूप में कवियित्री किसे देखती है? कौन है काल रात्रि? मेरी समझ तो यही कहती है कि माँ शारदा का आह्वान है। विकल मन से वह माँ को जागने का अनुरोध करती है। यह विकल-मन के पुकार की पराकाष्ठा है।

एक गीत के भाव, उच्च दार्शनिक सोच की झाँकी प्रस्तुत करते हैं---'किसे पता है कितने दिन का, किसका कितना दाना-पानी'।

नेचर का आलम्बन और उद्दीपन प्रभावित और उदीप्त करता है। आशा-निराशा, मिलन, संयोग-वियोग के सारे भाव काव्य संग्रह में छितराये पड़े हैं।

बहती लू के कुटिल थपेड़े, बहुत सताए इन अलकों को।
ओट बना करके आँचल की, रही बचाए इन पलकों को।
उमसा ताप रात-दिन जीभर, पल छिन चैन मिला न मन को।
अंतस के इस बियावन में, ठौर ठिकाना मिला न मन को।
बन कर बदरी कितना बरसी, फिर भी मन तेरा प्यासा है।

आज आदमी के पास क्या नहीं है? सब कुछ है, मोटर गाड़ी बंगला है, नौकर-चाकर हैं, बैंक बेलेंस है। भौतिक सुख के सभी संसाधन मौजूद हैं, किन्तु प्रेम नहीं है और जिसका हृदय प्रेमविहीन है, उससे बढ़कर दरिद्र संसार में और कोई नहीं है। प्रेम हीन हृदय का इंसान पत्थर की तरह है। जलहीन नदी की तरह है, फलहीन पेड़ की तरह है, संतान हीन औरत की तरह है। आजकल की कविताओं में सब कुछ होता है, सिवा प्रेम के। कवियित्री का व्यक्तित्व यहाँ पर बहुत ऊँचा उठ जाता है। महज कुछ लाइनों में एक बानगी,

तेरी बस्ती के कपोत ये, हैं मेरी मुड़ेर पर आते।
आंगन का दाना चुगते हैं, पर पाती हैं साथ न लाते।
बूझो तो रंगों की बोली, समझो इंगित इन कलियों के।
आकर पूछो गोधूली से, रुख इन अलसाई गलियों के।

वह अपनी संकल्प शक्ति को भी जाहिर करने में कोई संकोच नहीं करती। कवियित्री एक विकल जीव है, उसकी यह विकलता दृढ़ता की ओर अग्रसर है, वह कहती है,

धड़कनें आहत हुई,
लख जगत के छल-छंद को।
खा रही रग कोशिकाएं,
हृदय के आनन्द को।
स्वर्ग की मैं कल्पना धरती में लाना चाहती हूँ।
चांदनी की बाँह थामे गीत गाना चाहती हूँ।

वह साफ शब्दों में अपनी अभिरुचि जाहिर करती है, यहाँ पर गीत बौद्धिक और सामाजिक सरोकारों से तादाम्य स्थापित करते हुए बढ़ते हैं।

कोई गीत सुनाओ ऐसे जिसके शब्द महकते हों।
छंदों का मुख देख-देखकर मौसम रंग बदलते हों।
दीप प्रज्चलित द्वार-द्वार में, बंदनवार सजाते हों।
हाथों की रेखाएं पढ़कर,जीवन सार बताते हों।

कहीं-कहीं हृदय की पीड़ा शब्दों में ढल गयी है, यद्धपि अभिव्यक्ति के शब्द अपनी कोमलता को बनाये हुए हैं। संसार से उलाहना है, मीठे-मधुर शब्दों में शिकायत है---पाठक मन आत्मविभोर हो उठता है।

जहाँ कहीं सिर टेका हमनें,
भाल कलंकित होता आया।
डरने लगी नमन करने से, श्रद्धाएं मन मे भरने से।
लिखी जहाँ थी शीतल धारा, बचकर चली वहीं जलने से।
हाथ डुबाये जिसने अपने, पड़े फफोले रोता आया।

जैसा कि शुरू में कहे हैं, पुनः दोहराता हूँ, काव्य सर्जना के शुरुआती दिनों में, कवि शिशुवत रहते हैं, उठते-गिरते हैं, फिसलते हैं, तोतली जुबान से बोलते हैं, किन्तु यह कवियित्री के प्रीति का ही उत्स है कि उसकी रचनाएं महीयसी महादेवी वर्मा, निराला, पंत के सन्निकट की महसूस होती हैं। उसने प्रथम प्रयास में ही साहित्य में प्रवेश पा लिया है। उसके गीत व्यक्तिगत होते हुये भी व्यापक रूप से समष्टिगत प्रेम-पीड़ा को रूपायित करते हुये विशुद्ध कविता किंवा अमर साहित्य के सर्जक हैं।

घिरे मेघ बरसी ये आँखें, खिले फूल महकी ये पांखें।
जागे चंदन वन अलसाए, मोर पपीहा कोयल गाए।
पुरवा लौटी गंध उलीचे, सांस-सांस कस्तूरी सींचे।
पछुआ पत्तों को सहलाकर, बैठी है महुआ के नीचे।

दोहों में 'गागर में सागर' की कहावत चरितार्थ हुई है, यहाँ भी धनक के रंग मोहक छटा विखेर रहे हैं प्रकृति का उदात्त सौंदर्य होली पर, किन्तु चितेरा मन वर्तमान से सजग है। वैश्विक महामारी कोरोना पर भी कलम चली है।

पीली चूनर पहिन कर, हुआ अलौकिक रूप।
फूली सरसों महकती, ओढ़े पीली धूप।।
प्राणों पर कितना चटक, चढ़ा बसंती रंग।
इस यौवन की आँच से, लगे लहकने अंग।।
मार करोना की पड़ी, देश हुआ कंगाल।
पीछे शासन दौड़ता, चले करोना चाल।।
कोई नाहर हो भले, या हो तीरनदाज।
घर के बाहर निकर कर, वो दिखलाए आज।।

मैं जिसे ओढ़ता बिछाता हूँ।
वो गजल आपको सुनाता हूँ।

(दुष्यंत)

ऐसी ही प्रतिबद्धता कवियित्री का हिंदी के प्रति है, उसे अपनी बोली-भाषा से बहुत प्रेम है। हिंदी में उसके प्राण बसते हैं।

हिन्दी भाषा राष्ट्र की, हिन्दी मेरी बोल।
हिन्दी ने ही रचा है, भावों का भूगोल।।
हिन्दी में ही सोचते, हिन्दी में ही बात।
हिन्दी में ही बाँटते, प्राणों की सौगात।।

गजलों में शेरियत है, कोमलता है, छंद विधान का अनुपालन है। भावों की विविधता है। प्रश्न हैं, उत्तर भी हैं। हर दृष्टि से गजल मुकम्मल पैरहन के साथ मौजूद है। यही रचनाएं कवियित्री के बहुआयामी सृजनात्मकता के साक्ष्य हैं।

बीत गया है जाने क्या-क्या।
और बचा है जाने क्या-क्या।
हाथ बढ़ाकर क्या मैं दे दूं,
माँग रहा है जाने क्या-क्या।

लट सुलझाई शाम ढल गई।
मैं मनुहाई शाम ढल गई।।
साज सिंगार किया थोड़ा सा।
घर महकाई शाम ढल गई।।
पलकें ताक रहीं कजरौटा।
आँख सजाई शाम ढल गई।।

कविता, स्वयं कवि के मानसिक और भावजगत की ईमानदार भूमिका होती है। उसे पढ़ते ही आकार-प्रकार का अंदाजा हो जाता है, किसी सर्टिफिकेट, ईनाम व आग्रह की वह मोहताज नहीं होती है। कविता कवि के ईमानदार, सहृदय होने का यदि अहसास न दिलाये, वह कविता नहीं है।

बारिश की बूंदों में जीवंत प्रेम है, जीवंत अध्यात्म और दर्शन है। युग की चिंता है, समाज की चिंता है। चिंतनशील पाठकों के लिए यह अप्रतिम कृति है। गहन अध्ययन, गहन चिंतन का प्रतिफल यह कृति है।

मैं अपनी अल्प समझ से यह दावे के साथ कह सकता हूँ कि कविता किसी की विरासत नहीं है। अनुभूति की सहजता देशकाल और परिवेश की समझ, समष्टि के प्रति समर्पण का भाव जिस किसी में उदित हो जाये उसे कवि होने से कोई नहीं रोक सकता है। संग्रह में समाहित रचनाओं के पठन पश्चात मेरी प्रसन्नता, शुभाशीष के तौर पर यही आकांक्षा करती है कि कवियित्री का रचना कर्म साहित्य के फलक पर किसी बड़े नक्षत्र की तरह जगमगाए, संसार के हर कोने तक रोशनी पहुँचे।

रामानुज श्रीवास्तव
स्वागतम ४३/४३६, हनुमाननगर
रीवा, ४८६००१ (मध्यप्रदेश)

अनुक्रमणिका

ऐ काल रात्रि! दृग खोल सखी

ऐ काल रात्रि! दृग खोल सखी,
स्वप्नों की नब्ज टटोल सखी।

जब स्वप्न नयन में आते हैं,
कुछ दृश्य उपस्थित होते हैं।
कुछ गोरे बादल हँसते हैं,
कुछ काले बादल रोते हैं।
मझधार में नौका क्यों डूबी,
यह आज हुआ मालूम हमें,
लहरों में हलचल तेज उठा,
माझी ही नाव डुबोते हैं।
है सत्य सहज यह बोल सखी,
ऐ काल रात्रि! दृग खोल सखी।१।

आकाश पटी के अवतल में,
जो वृक्ष घने थे, कहाँ गए?
मदरांचल के तन सघन उटज,
जो लोग तने थे, कहाँ गए?
जो सागर था लहरों वाला,
जिसमें माझी संग नाव भी थी,
वे डूब गये किस पानी में,
जो घाट बने थे, कहाँ गए?
सब बदल गया भूगोल सखी,
ऐ काल रात्रि! दृग खोल सखी।२।

*****

बारिश की बूंदें

किसे पता है??

किसे पता है कितने दिन का,
किसका कितना दाना-पानी।।

धूप चढ़ गई है मुड़ेर तक,
प्यास रात की अब तक ताजी।
भूख प्राण को पेर रही है,
हार चुका है यह मन बाजी।
इतनी सारी पीर समेटे,
कैसे गीत रचे बनजारा।
मौसम उसी तरह आते हैं,
बोले नहीं मगर इकतारा।
परियाँ मन को नहीं सुहातीं,
नहीं लुभाते राजा-रानी।
किसे पता है कितने दिन का,
किसका कितना दाना-पानी।१।

प्रीति छल गई इन प्राणों को,
मुझे मिली फिर जगत हँसाई।
नहीं चैन से घर में बैठे,
मन मेरा कितना हरजाई।
उजड़ गया घर सूना-सूना,
कैसे भूलें समय सुहाना।
पल यह सारे नहीं चैन के,
पगलाया सा मन मनमाना।
तपे चाँदनी धूप सरीखी,

बारिश की बूंदें

लगे अजीरन हवा सुहानी।
किसे पता है कितने दिन का,
किसका कितना दाना-पानी।२।

जोगी-सा तन रहा भटकता,
मन का रोग प्राण ने भोगा।
माटी मोल हो गया जीवन,
इससे बुरा और क्या होगा।
डरी-डरी सी फिरे कामना,
सुनी-अनसुनी कितनी बातें।
विरही मन को डसें अँधेरे,
नागिन सी फुसकारें रातें।
खाली पिंजड़ा हो जाएगा,
हो जाएगी खतम कहानी।
नहीं पता है कितने दिन का,
किसका कितना दाना-पानी।३।

*****

टुकड़े-टुकड़े बात पुरानी

टुकड़े टुकड़े बात पुरानी सिरज रहा मन।
दिन महका सा रात सुहानी सिरज रहा मन।

यह अल्हड़पन कितने सारे कूप झकाया,
मन बनजारा हुआ कहीं भी ठौर न पाया।
रही भटकती प्यास हो चुकी पानी-पानी,
मृग मरीचिका ने प्राणों को बहुत सताया।
मेरे साथ सुना करती थीं परियाँ लोरी,
अब सपनों की आना-कानी सिरज रहा मन।
टुकड़े-टुकड़े बात पुरानी सिरज रहा मन,
दिन महका सा रात सुहानी सिरज रहा मन।१।

भटका मेले-ठेले लेकर के अभाव मन,
पग-पग हुआ तिरस्कृत पा कर के दुराव मन।
मार सही दुर्दिन की कितनी अपनेपन ने,
फिरता रहा तमाशा बन कर बपुरा जीवन।
समय खिलंदड़ आगे उमर रह गई पीछे,
बचपन की हरकत बचकानी सिरज रहा मन।
टुकड़े टुकड़े बात पुरानी सिरज रहा मन,
दिन महका सा रात सुहानी सिरज रहा मन।२।

बंधन के अनुबंध तोड़ कर जाती कैसे,
बनी हुई पहचान छोड़ कर जाती कैसे।
कई बार बैराग बुलाने घर तक आया,
नातों से मुँह मगर मोड़ कर जाती कैसे।

बारिश की बूंदें

जब भी मिला चढ़ाव अकेले चढ़ी जिन्दगी,
कितनी सारी खींचा-तानी सिरज रहा मन।
टुकड़े-टुकड़े बात पुरानी सिरज रहा मन,
दिन महका-सा रात सुहानी सिरज रहा मन।३।

छली गई मैं बार-बार इन मधुमासों से,
घाव लगे अंतस में कितने विश्वासों से।
कितनी धूल विरह की इन प्राणों में फैली,
घबराया मन बार-बार घुटती साँसों से।
जीतों के हारों के चलते रहे सिलसिले,
बनी हुई इतिहास कहानी सिरज रहा मन।
टुकड़े-टुकड़े बात पुरानी सिरज रहा मन,
दिन महका-सा रात सुहानी सिरज रहा मन।४।

*****

बारिश की बूंदें

कजरी गाता घूम रहा है

कजरी गाता घूम रहा है,
गाँव-गली सावन बनजारा।

बहती लू के कुटिल थपेड़े,
बहुत सताए इन अलकों को।
ओट बना करके आँचल की,
रही बचाए इन पलकों को।
उमसा ताप रात-दिन जीभर,
पल छिन चैन मिला न मन को।
अंतस के इस बियावन में,
ठौर ठिकाना मिला न मन को।

रोग विरह का और बढ़ गया,
व्याकुलता का ताप चढ़ गया।
मेरे इन तपते प्राणों को,
सावन ने आकर उपचारा।।
कजरी गाता घूम रहा है,
गाँव-गली सावन बनजारा।1।

घट लेकर घनघोर घटा का,
भीगे वसन चले पुरवाई।
छलके-चलके ताल-तलैया,
अंग-अंग धरती हरियाई।
साथ पवन मिल खेल रही है,
खेतों की कमसिन हरियाली।

बारिश की बूंदें

ऊँचे पेंग मार झूले में,
छेड़ रही आली को आली।

अल्हड़ नदी मचाती हलचल,
लहर-भँवर की उलझन पल-पल।
बौछारों ने चंचल मन को,
दरस-परस से है पुचकारा।
कजरी गाता घूम रहा है,
गाँव-गली सावन बनजारा।२।

सपने अधिक हो गए नटखट,
लेकर के बचपन की यादें।
बन कर के मिठास अधरों की,
मुखरित अनुरागी फरियादें।
यौवन का अभिषेक कर रही,
मदिर-मदिर झरती बौछारें।
नयन-नयन से छलक रही है,
नेह सनी पिघली मनुहारें।

भीग रहा सुधियों का आँचल,
अधिक गड़े पलकों का काजल।
अजब दुलार मिला धरती को,
बरखा ने जीवन उपकारा।।
कजरी गाता घूम रहा हैं,
गाँव-गली सावन बनजारा।।३।

*****

25

कहीं आपकी मैंने मानी

कहीं आपकी मैंने मानी, आपस में कैसी मनमानी।

अक्षर की पहचान नहीं है,
पड़े हुए शब्दों के फाँके।
टूटी-फूटी दशा अर्थ की,
समझाइश में कितने टाँके।
समझौतों ने राह दिखाई, बुद्धि रही अपनी बचकानी।
कहीं आपकी मैंने मानी, आपस में कैसी बचकानी।१।

अंतरिक्ष सौदा करने को,
धरती के आँगन तक आया।
कुछ भी नहीं यहाँ बिकता है,
सब कुछ है इस मन की माया।
ढीला पड़ जाता जब बंधन, तब रिश्तों में आना कानी।
कहीं आपकी मैंने मानी, आपस में कैसी मनमानी।२।

छला गया उत्साह युद्ध में,
गयी हार के हाथों बाजी।
जुड़े पतंगी रिश्ते कैसे,
एक साथ हैं पंडित काजी।
गुड़ गोबर का अब क्या होगा, जब मन की है खींचातानी।
कहीं आपकी मैंने मानी, आपस में कैसी मनमानी।३।

सहज प्रश्न होते बच्चों के,
पढ़ा अधिक लेकिन चकराए।

बारिश की बूंदें

जो कबीर की बात समझ ले,
लाल बुझक्कड़ वो कहलाए।
है जवाब देने में आती, याद सभी को अपनी नानी।
कहीं आपकी मैंने मानी, आपस में कैसी मनमानी।४।

पहले पढ़ना पड़े ककहरा,
खुले अकल का तब दरवाजा।
न जाने क्यों बजा रहे सब,
एक दूसरे का हैं बाजा।
मरे धर्म का चाम पीटते, संशय के सारे विज्ञानी।
कहीं आपकी मैंने मानी, आपस में कैसी मनमानी।५।

*****

पल-पल सुख मन को देते हो

पल-पल सुख मन को देते हो,
सुधियों में रहते हो मेरी।

अनुराग खोजता भटक रहा, तुझमें अपनी परिभाषा को।
नैराश्य तुम्ही से चाह रहा चुल्लू भर उजली आशा को।
यह कमसिन उमर चाहती है, सीखे तुमसे जादू-टोना।
अपने अल्हड़पन का अब मैं, कितना रोऊँ अपना रोना।

सपना बन कजरी रातों का,
निंदिया को छलते हो मेरी।
पल-पल सुख मन को देते हो,
सुधियों में रहते हो मेरी।१।

चंचल मन की पावनता हो, अहिबात मचलते भावों का।
तुम परी कथा हो प्राणों की, निखरा बसंत हो चावों का।
जब खोज-खबर ही नहीं मिले, तकता राहें संदेशों की।
मन मैं हलचल सी होती है, छूती छाया अंदेशों की।

विरही क्षण की बन कर पीड़ा,
पलकों से रिसते हो मेरी।
पल-पल सुख मन को देते हो,
सुधियों में रहते हो मेरी।२।

बारिश की बूंदें

अधरों की मेरे वंशी हो, पग-पग जीवन की कविता हो।
अनुप्राणित मन में दिवस-रात, बहती रग-रग में सविता हो।
इस यौवन को रोग लग गया, नदी पार उस बसे गांव का।
रंग चढ़ गया है छंदों पर, मदिर रूप के चले दांव का।।

शुचिता बन आत्म समर्पण की,
रग-रग में बहते हो मेरी।
पल-पल सुख मन को देते हो,
सुधियों में रहते हो मेरी।३।

*****

बारिश की बूंदें

पाती लाया है बसंत की

पाती लाया है बसंत की, इस रुत का रसिया हरकारा।

झुके गगन के अधर पियासे, कसमस करती धरा लजीली।
कजरौटे से काजल काढ़े, रूप संवारे सांझ सजीली।।
भीतर कितने भ्रम ही भ्रम हैं, दो तन इक मन अब हम हैं।
बाली उमर हुई कस्तूरी,
पल-पल चढ़े रूप का पारा।
पाती लाया है बसंत की,
इस रुत का रसिया हरकारा।१।

मदिरा गई नदी की हलचल, लहरों पर पसरी अरुणाई।
बैरी बने अंग गदराए, महक गई तन की तरुणाई।।
लौट चले घर को मछुआरे, बंधी रह गई नाव किनारे।
सांझ ढली पर्वत के पीछे,
दूर कहीं गाया बनजारा।
पाती लाया है बसंत की,
इस रुत का रसिया हरकारा।२।

तप्त छुअन की आकांक्षा है, उलझाए बयार अलकों को।
कोई कोरा अधर चूम ले, इन अलसाई-सी पलकों को।
सांसों को कलंक घेरा है, हर सपना तेरा मेरा है।
ले लो जीवन की सौगातें,
नित स्वागत में खड़ा सबेरा।
पाती लाया है बसंत की,
इस रुत का रसिया बनजारा।३।

बन कर बदरी कितना बरसी

बन कर बदरी कितना बरसी,
फिर भी मन तेरा प्यासा है।

तेरी बस्ती के कपोत ये, हैं मेरी मुड़ेर पर आते।
आंगन का दाना चुगते हैं, पर पाती हैं साथ न लाते।
बूझो तो रंगों की बोली, समझो इंगित इन कलियों के।
आकर पूछो गोधूली से, रुख इन अलसाई गलियों के।

लिखना नवल कहानी है,
जब जीना ही बेमानी है।
ढाई आखर की पोथी को,
पढ़ डालो मीठी भाषा है।
बन कर बदरी कितना बरसी,
फिर भी मन तेरा प्यासा है।१।

चोरी अक्सर कर जाते हैं, नींदों में आकर कुछ सपने।
मन को छल जाती है पुरवा, जाते जब पीर जगा अपने।
अधजगे धुंधलकों में सारे, प्रतिमान ठगे से तन के हैं।
फिर घाव पुराने जागे हैं, अनुमान गलत सब मन के हैं।।

मैं दीप जलाया करती हूं,
नीरवता में रव भरती हूं।
इस सघन अंधेरे में हरपल,
इक उजियारे की आशा है।।
बन कर बदरी कितना बरसी,
फिर भी मन तेरा प्यासा है।२।

बारिश की बूंदें

कुछ चाल चलन बिगड़ी लगती, अंतस में कुछ मदिराया है।
भ्रम होता है मेरे गीतों को, कोई बनजारा गाया है।
कुछ लोग कहें चुपके-चुपके, पीछा करती बदनामी है।
जिसको मैं अपना कहती हूं, यह सब कुछ तो बेनामी है।

है मान दिया मनुहारों को,
तन के मन के अभिसारों को।
यौवन पर वरपा है बसंत,
गदराया तन-मन खासा है।
बन कर बदरी कितना बरसी,
फिर भी तेरा मन प्यासा है।३।

*****

यौवन की स्निग्ध लुनाई

यौवन की स्निग्ध लुनाई छूकर,
यह जीवन अनुरागा।

एकाकीपन रहा सुलगता, सुधियों ने तूफान संजोए।
मरुथल की रूखी माटी में, कई सलोने सपने बोए।
सधा नहीं सुर चली साधना, राह भटकती रही कामना।

इक कमसिन चाहत के पीछे, इधर-उधर मन कितना भागा।
यौवन की स्निग्ध लुनाई छूकर,
यह जीवन अनुरागा।१।

आते रहे कुजोग राह में, चोटिल अहम रहा मनमारे।
अपशकुनों की दिखी ढिटाई, घर से मेरे टरे न टारे।
आहुति-होम देवता रूठे, खुद के लिए बन गए झूठे।

हुआ समर्पण अनुभावों का, मिला मुझे जो कभी न मांगा।
यौवन की स्निग्ध लुनाई, छूकर,
यह यौवन अनुरागा।२।

पीड़ा को पल-पल सहेज कर, लिखती रही गीत के मुखड़े।
छलका नहीं रुदन नयनों से, बंधते रहे छंद में दुखड़े।
डरी-डरी बौरी अमराई, रही धूप डसती परछाई।

तेरी सांसों की सुगंध छू, है बसंत प्राणों का जागा।
यौवन की स्निग्ध लुनाई छूकर,
यह जीवन अनुरागा।३।

बारिश की बूंदें

खुली लटों के इस बदरा में

खुली लटों के इस बदरा में, यह मन तेरा उलझ गया है।

पोथी पढ़ो प्रेम की पहले,
फिर अपने मन को समझाओ।
ताजा खिलता रुप देख कर,
ऐसे मत इतना अकुलाओ।
यह सारा यौवन तेरा है,
कुनकुन सांसें नयन बावरे।
उतरो मन की गहराई में,
बन प्राणों के श्याम सांवरे।

कमसिन उमर अनलिखा कागज इस पर तेरा नाम लिख
लिया।
जूड़े के महके गजरा में, यह मन तेरा उलझ गया है।
खुली लटों के इस बदरा में, यह तेरा मन उलझ गया है।१।

उल्लासों को छू कर देखो,
कितना तो रोमांच भरा है।
मन में नहीं कहीं कलमस है,
तपे कनक सा टंच खरा है।
चटपट का यह खेल नहीं है,
कई जनम का यह हिसाब है।
अक्षर-अक्षर नेह समर्पण,
जीवन की ऐसी किताब है।

बारिश की बूंदें

जैसे रंग घुले पानी में, मुझपर अपना रंग चढ़ा दो।
पलकों पर रचते कजरा में, यह मन तेरा उलझ गया है।
खुली लटों के इस बदरा में, यह मन तेरा उलझ गया है।२।

चंदन सी जो गमक रही है,
तुझको छूती यह पुरवाई।
मंत्र छुअन का पढ़ा मुझी से,
मुझसे सारी शुचिता पाई।।
नेह दिया मैंने किरणों को,
सपने बांटे मधुमासों को।
बौछारों को दान कर दिया,
है पावस के विश्वासों को।।

लेलो यह अधिकार प्रीति का, मितवा यह निस्सीम गगन है।
इस उड़ कर ढलते अंचरा में, यह मन तेरा उलझ गया है।
खुली लटों के इस बदरा में, यह मन तेरा उलझ गया है।३।

*****

नहला गया शहद से मुझको

नहला गया शहद से मुझको,
इस बसंत में मिलना तेरा।

कोयल कूकी अमराई में, नस-नस में संतूर बज गया।
मंगल गाया हरियाली ने, रंग हल्दिया बदन सज गया।
आया राग याद राधा का, कान्हा की बांसुरी चुराई।
घोल गई रस है सुधियों में, अनुरागी मन की पहुनाई।

मदिर कर गया इस यौवन को,
पुरवइया सा बहना तेरा।
नहला गया शहद से मुझको,
इस बसंत में मिलना तेरा।१।

आंगन-द्वार निर्वसन लगता, पूनम का मादक उजियारा।
विरही धुन को बड़ी लगन से, बजा रहा कोई इकतारा।
कजरारी कोरों ने लिख दी, ताप जगाती एक कहानी।
मनमाना बहाव भावों का, रिचा बनी मन की मनमानी।

महका गया सांस को मेरी,
मधुवंती सा खिलना तेरा।
नहला गया शहद से मुझको,
इस बसंत में मिलना तेरा।२।

बारिश की बूंदें

तारे गिनते नयन बावरे, नाप रहे नभ की गहराई।
और अधिक खिंच गया रतजगा, सपने बिसर गए चतुराई।
मांसल पांव बंधे पायल से, कंगना-चूड़ी के खनकारे।
चहल-पहल बढ़ गई प्राण में, ठहरे गीतों के बनजारे।

जीवन में रोमांच भर गया,
गज गामिनि सा चलना तेरा।
नहला गया शहद से मुझको,
इस बसंत में मिलना तेरा।३।

*****

बारिश की बूंदें

विरही मन तकता है राहें

विरही मन तकता है राहें,
आँज लिए हैं पलकें काजल।

रुत है चाल थिरकती चलती, पहने भीगी चूनर धानी।
सब कुछ भीग गया पानी में, जागी प्यास मागती पानी।
यौवन निखर गया नस नस का, अब कुछ रहा न अपने वश
का।

कितना मगन गगन दिखता है,
घिरीं घटाएँ उड़ते बादल।
विरही मन तकता है राहें,
आँज लिए हैं पलकें काजल।१।

सुरुज देवता राहें भूले, नाम निशान न मिले धूप का।
ऐसी झरी लगी मौसम की, सिहल गया सिंगार रूप का।
लदी पहाड़ी पर हरियाली, नदिया हुई उफानों वाली।

हुईं घटाएँ मन का उत्सव,
महक गया घाटी का आँचल।
विरही मन तकता है राहें,
आँज लिए है पलकें काजल।२।

भीगी चुनरी भीगी पियरी, घाम देव की राह निहारें।
जादू टोना सी करती हैं, घर को घेरे हुए फुहारें।
भीगी अँगिया कसी-कसी-सी, सुधि में बातें रसी-रसी-सी।

बारिश की बूंदें

कंगन चूड़ी लगे टुनकने,
बोल पड़ी पावों की पायल।
विरही मन तकता है राहें,
आँज लिए हैं पलकें काजल।३।

शुभ अवसर पर बायन जैसा, आलस बाँट रही पुरवइया।
भरा हुआ आँगन में पानी, नाचें बूँदें ता-ता-थइया।
धुँधला गया शीत में दर्पण, मन को ठेले आत्म समर्पण।

बरखा का रोमांच छू गया,
बाज उठी निंदियाई मादल।
विरही मन तकता है राहें,
आँज लिए हैं पलकें काजल।४।

*****

बारिश की बूंदें

आप बड़े हो गए

आप बड़े हो गये, यथा आभास मिला।
किंचित काला-काला, पन्ना साफ मिला।

जहाँ छाँव तक ठहर न पाई, निश्चल ठाढ़े आप वहाँ।
सम्बन्धो के उपमाएं सब, हो जाती है खत्म जहाँ।

भीतर का सब झलक रहा है,
बाहर ढंका लिहाफ मिला।
आप बड़े हो गए, यथा आभाष मिला।१।

नखरे-नाज उठाने वाले, चलते हैं आगे-पीछे।
वाह-वाह के उद्घोषक हैं, आँख उठाये ऊपर नीचे।

बादशाह अपने को समझो,
जब तक सब कुछ माफ मिला।
आप बड़े हो गए, यथा आभाष मिला।२।

लोग पूजने लगे तुम्हें तो, तुम ज्ञानी औ सिद्ध हुए।
कोरे चेहरों की बस्ती में, जैसे देव प्रसिद्ध हुए।

नीचा कभी रहा न अब तक
हरदम उन्नत ग्राफ मिला।
आप बड़े हो गये, यथा आभास मिला।३।

*****

मदिर रूप से चले दांव का

मदिर रूप के चले दांव का,
कविताई पर रंग चढ़ गया।

नील गगन में विचर रहे हैं, धीरे-धीरे मेघ कपासी।
रुत की धूप परोस रही है, जान बूझ कर अलस उदासी।
चंचल बना रही सांसों को, मचली हुई गंध गदराई।
मोल भाव करती छुअनों का, ढीठ चतुर डुलती पुरवाई।

अंगों के इक-इक उभार का, प्राणों से रिसते दुलार का।
मेरे ईंगुर लगे पांव का, कविताई पर रंग चढ़ गया।
मदिर रूप के चले दांव का,
कविताई पर रंग चढ़ गया।१।

अल्हड़ नयन बात करते हैं, सीख लिए जादू की भाषा।
बाली उमर बदल ली अपनी, पल में जीने की परिभाषा।
अनायास बरसात राग की, ज्यों आया कुआर का लहरा।
बदल लिया तेवर यौवन ने, माने नहीं लाज का पहरा।

प्रीति लिखे इक नई कहानी, मन ने ठान लिया मनमानी।
चिकुर जाल की घनी छांव का, कविताई पर रंग चढ़ गया।
मदिर रूप के चले दांव का,
कविताई पर रंग चढ़ गया।२।

मन को टिकने नहीं दे रहे, सुधियों के आतुर हरकारे।
लगे सजोने पल विरहा के, पीड़ा को छू-छू अभिसारे।

बारिश की बूंदें

नहीं खबर आती मितवा की, पहुंच नहीं पाते संदेशे।
हलचल सी पैदा करते हैं, परछाईं बन कर अंदेशे।

जोग और संजोग जगा है, जीवन को इक रोग लगा है।
नदी पार उस बसे गांव का, कविताई पर रंग चढ़ गया।
मदिर रूप के चले दांव का,
कविताई पर रंग चढ़ गया।३।

*****

नहीं खबर आती मितवा की, पहुंच नहीं पाते संदेशे।
हलचल सी पैदा करते हैं, परछाईं बन कर अंदेशे।

बारिश की बूंदें

चाँदनी की बाँह थामे

चाँदनी की बाँह थामे गीत गाना चाहती हूँ।

चाहती हूँ तुम मुझे दो,
दृष्टि का केवल इशारा।
बहुत होगा मेरे खातिर,
एक चितवन का सहारा।
नील नभ में आज नव दुनिया बसाना चाहती हूँ।
चांदनी की बाँह थामे गीत गाना चाहती हूँ।

दृश्य फूलों के लुभावन,
पुतलियों में बन्द कर।
हर महकते फूल का,
मधुमास से सम्बंध कर।
प्यार के किस्से बहारों को सुनाना चाहती हूँ।
चाँदनी की बाँह थामे गीत गाना चाहती हूँ।

रश्मियां आती बुलाने,
नित मुझे जाती हुई।
बदलियाँ करती इशारे,
बूंद बरसाती हुई।
मैं भी इनके रंग में अब डूब जाना चाहती हूँ।
चाँदनी की बाँह थामे गीत जाना चाहती हूँ।

धड़कने आहत हुई लख,
जगत के छल-छंद को।

बारिश की बूंदें

खा रही रग कोशिकाएं,
हृदय के आनन्द को।
स्वर्ग की मैं कल्पना धरती में लाना चाहती हूँ।
चांदनी की बाँह थामे गीत गाना चाहती हूँ।

*****

कोई गीत सुनाओ ऐसे

कोई गीत सुनाओ ऐसे जिसके शब्द महकते हों।
छंदों का मुख देख-देखकर मौसम रंग बदलते हों।

दीप प्रज्वलित द्वार-द्वार में,
बंदनवार सजाते हों।।
हाथों की रेखाएं पढ़कर,
जीवन सार बताते हों।
बचपन की गलियों से होकर सूरज-चाँद निकलते हों।
छंदों का मुँह देख----

ऊँची-नीची अगम डगर को,
समतल सुगम बनाते हों।
यौवन के मदमाये पथ पर,
चलना नित्य सिखाते हों।
मधुर-मधुर शीतल समीर नित सांध्य काल में चलते हों।
छंदों का मुख----

आना-जाना उन गलियों से,
मन को अच्छा लगता है।
जहाँ सूर्य के ओझल होते,
अम्बर रंग बदलता हैं।
क्षितिज छोर से प्रियतम बैठे माँग सिंदूरी करते हों।
छंदों का मुख----

बारिश की बूंदें

लेती नव आलाप रागिनी,
मधुवन फूल महकते हों।
पेड़ों की डाली पर ठहरे,
पंक्षी कलरव करते हों।
जीवन के उद्देश्य जहां परिभाषित होते लगते हों।
छंदों का मुख देख----

*****

बारिश की बूंदें

खट्टी-मीठी भूली-बिसरी

खट्टी-मीठी, भूली-बिसरी,
कुछ अपनी कुछ जग बीती,
कहती रही रात भर बूंदें
राम कहानी बारिश में।

कुछ गदराए यौवन जैसी
कुछ यादों के बचपन जैसी
करती रही रात भर बूंदें
खींचातानी बारिश में।

सुधियों में मन खोया-खोया,
भींगी पलकें और निचोया।
करती रही रात भर बूंदें,
आनाकानी बारिश में।

परी लोक में उड़ा ले गईं,
बाल-सुलभ मन को मेरे।
सिरहाने सुधि में बने रहे,
दादी-नानी बारिश में।

कागज की इक कश्ती लेकर,
फिर बारिश के पानी में।
निकल पढ़े है दूर देश
सपनें सैलानी बारिश में।

*****

बारिश की बूंदें

पीपल के पेड़ों से दादा

पीपल के पेड़ो से दादा
हवा न ठंडी आती।

राजनीति उत्पात बन रही छोटे-छोटे गाँव में।
भेदभाव की धूप खड़ी है, बरगद वाली छाँव में।

सुविधा की फिरके बाजी
बन बैठी मदमाती।
पीपल के पेड़ों से दादा,
हवा न ठंडी आती।१।

खुशहाली से भरे आंकड़े विपदाओं के डेरे हैं।
पटवारी तो कहने भर को, जन जन यहां लुटेरे हैं।

खेतों की पूरी हरयाली
कोर्ट कचहरी खाती।
पीपल के पेड़ों से दादा,
हवा न ठंडी आती।२।

चक्कर काट रहे है कब से, कुंजी और फंदाली
कुर्सी के पाएं से लिपटी, चारों ओर दलाली।

कल आना फिर परसो आना,
ये चक्कर कटवाती।
पीपल के पेड़ों से दादा,
हवा न ठंडी आती।३।

बारिश की बूंदें

पावस उमड़-घुमड़ लहराता

पावस उमड़-घुमड़ लहराता।
झण्डा जीवन का फहराता।
मेघों की सजल कतारों से,
भूतल पर यौवन छा जाता।

करते कलरव खग सुजान।
कोकिला छेड़ती मधुर तान।
हिरन चौकड़ी भर-भर जाते,
दादुर नित पढ़ते पुरान।

है पुष्पों का विस्तृत वितान।
हर्षित करता है भ्रमर गान।
झरनों की कलकल ध्वनियों में,
नित होता जग नूतन बिहान।

सौंदर्य बोध किसको कहते।
बसुधा परिचय देने लगती।
रूपक, उपमाएं मिल जाती,
अनकही बात कहने लगती।

जाड़ा-गर्मी सुखद लगे।
यदि पावस खुशियाँ लाता है।
हर ऋतु बनती है यादगार,
पानी जब रूप सजाता है।

*****

बारिश की बूंदें

बच्चों की अटपट बोली में

बच्चों की अटपट बोली में प्यारा लगता शोर।
पंछी के कलरव सी ध्वनियां,
घर बन जाएं बगीचे।
मृदु वाणी के कोलाहल से,
कोना-कोना सींचे।

मेंढ़क बनते, बने गिलहरी
बनते तोता-मोर।

खेल तमाशे इनके अपने
छिला छिलाई खेलें।
चौका चूल्हा ये कर लेते
यथा रोटियाँ बेलें।

बड़े-बड़ो की नकल उतारें,
नाचें जैसे मोर।

दादा-दादी ये बन जाते
बनते नाना-नानी।
सारे रिश्ते जोड़ चलें ये
फिर भी है अज्ञानी।

थानेदार अकड़न बनते
बनें सिपाही चोर।
लड़ना-भिड़ना सहज बात है,
सहज मेल की धारा।

बारिश की बूंदें

उठा-पटक के बावजूद भी,
रखते भाई-चारा।

कभी यहाँ हैं कभी वहाँ है
घर ही इनका ठौर।

मारें कभी न हम तुम इनको
समझाइस ही देवें।
केवल नेह चाहते हमसे
और कभी क्या लेवें।

हम भी पेश आएं तो इनसे
बच्चों के ही तौर।
बच्चों की अटपट बोली में,
प्यारा लगता शोर।

*****

बारिश की बूंदें

सपने किये बहुत बरजोरी

सपने किए बहुत बरजोरी,
गदराए से इस फागुन में।

लदी बौर से अमवारी है,
हरसिंगार सुधियों में झरता।
मधुमासी खुमार का यह दिन
प्राणों पर जादू सा करता।

चटक हो गया रंग गांव का,
यह भी पूरा फगुनाया है।
हंसी-ठिठोली गलियां खोरी,
इतराए से इस फागुन में।
सपने किए बहुत बरजोरी,
गदराए से इस फागुन में।१।

मन तो हुआ बावरा सा है,
तन का हाल अलग बेढंगा।
सहज सरल मेरे प्राणों से,
विरह लिए बैठा है पंगा।

व्याकुल हैं पल अभिसारों के,
निधि अनमोल मिलन लगता है।
मिले बहुत हम चोरी-चोरी,
शरमाए से इस फागुन में।
सपने किए बहुत बरजोरी,
गदराए से इस फागुन में।२।

बारिश की बूंदें

उत्सव के उल्लासी दिन हैं,
समय बहुत लगता है बौना।
नजर लगेगी आज रूप को,
बाहर जाना लगा डिठौना।

मन में अपनापन जगता है,
हर कोई अपना लगता है।
हुई चाहना दूध-कटोरी,
मदिराए से इस फागुन में।
सपने किए बहुत बरजोरी,
गदराए से इस फागुन में।३।

अंग-अंग हो गए गुलाली,
रस से सराबोर पिचकारी।
मन भावन मीठी लगती है,
मधुरस सने अधर से गाली।

बिना लगाम तुरंग हुआ मन,
कुछ भो नहीं रहा वश अपने।
रहें न बातें मन की कोरी,
बौराए से इस फागुन में।
सपने किए बहुत बरजोरी,
गदराए से इस फागुन में।४।

*****

बारिश की बूंदें

कितनी बार प्राण ने गाये

कितनी बार प्राण ने गाए,
छंद निर्दयी पतझारों के।

उत्सव की अपार गरिमा में, इस मन के कुछ सपने टूटे।
नई राह जब चली जिन्दगी, कुछ मासूम खिलौने छूटे।
लिखने लगा समर्पण अपना, नया कथानक नई कहानी।
राजा ने कुछ सपने जीते, हार गई कुछ सपने रानी।

शुभ पल किसी काम ना आए,
छलते रहे स्वयं के साए।
जीतों के वरदान मिले थे,
पाए पर कलंक हारों के।
कितनी बार प्राण ने गाए,
छंद निर्दयी पतझारों के।१।

जब-जब भोर सजी पलकों पर, अधरों के स्वर बनें प्रभाती।
ढली सांझ उलझी अलकों से, लगे महकने दीपक-बाती।
रात लिए आगई रतजगा, एकाकीपन लगा सुलगने।
घिरी चेतना सन्नाटे से, सुख से दुख लग गया उलझने।

चुभ से गए नयन में सपनें,
आते रहे याद कुछ अपने।
पगले नयन ताकते राहें,
लौटे गीत न बनजारों के।
कितनी बार प्राण ने गाए,
छंद निर्दयी पतझारों के।२।

बारिश की बूंदें

कविता लिखी मिलन की जब भी, अंतस भीग गया धीरे से।
बिना नाव बिन माझी मुझको, पड़ा लौटना है तीरे से।
जितने भी चढ़ाव मिलते हैं, सब के ही उतार होते हैं।
कभी-कभी जी-भर हंसते हैं, कभी सिसक कर भी रोते हैं।

हंसी-खुशी ये मेले-ठेले,
अप्रत्यासित कई झमेले।
झेले हैं प्रपंच जीवन ने,
तट-लहरों के मझधारों के।
कितनी बार प्राण ने गाए,
छंद निर्दयी पतझारों के।३।

*****

आज नये वर्ष की

आज नये वर्ष की,
भोर को नमन करो।

नवीन आसमान है, नया-नया विहान है।
खिली खिली नजर-नजर नई-नई सी तान है।

आस को नमन करो,
हास को नमन करो।
प्राण में उठी हुई,
हिलोर को नमन करो।
आज नये वर्ष की,
भोर को नमन करो।१।

पवन महक-महक गया, अधर चहक-चहक गया।
इक परस की चाह में, तन लहक-लहक गया।

आस को नमन करो,
प्यास को नमन करो।
प्रीति की कसी बँधी,
डोर को नमन करो।
आज नए वर्ष की,
भोर को नमन करो।२।

बारिश की बूंदें

रास रच रही किरण, हर दिशा मगन मगन।
प्रेम के खुमार में, तृप्त है नयन-नयन।

रूप को नमन करो,
धूप को नमन करो।
राह में विहँस रहे,
शोर को नमन करो।
आज नये वर्ष की,
भोर को नमन करो।३।

****

जब याद तुम्हारी आती है

जब याद तुम्हारी आती है, तब मौसम गाया करते हैं।
ले नाम तुम्हारा ओंठों पर महफिल को सुनाया करते हैं।

मधुवन में फूल महकते हैं,
यायावर भौंरें गाते हैं।
विस्तारित नभ से तारागण,
यौवन के गीत सुनाते हैं।
जब नयन इशारे करते हैं तब नयन मिलाया करते हैं।
जब याद तुम्हारी----

सुधियों के बादल बनते हैं,
आकाश में उड़ते-फिरते हैं,
बूंदों में मधुरस घोल-घोल,
धरती में आया करते हैं।
तब पंथ अबोले-अनचीन्हे ले नाम बुलाया करते हैं।
जब याद तुम्हारी----

ये सुंदर कितती यादें हैं,
आर्तीं जब हैं भीड़ लिए।
जैसे हमराही पंखी,
आये हों मिलने नीड़ लिए।
है चित्र बहुत सुंदर पूजा जो चित्र बनाया करते हैं।
जब याद तुम्हारी----

*****

बारिश की बूंदें

नहीं चाहिए था जो होना

नहीं चाहिए था जो होना,
वही आज तक होता आया।
जहाँ कहीं सिर टेका हमनें,
भाल कलंकित होता आया।

डरने लगी नमन करने से,
श्रद्धायें मन में भरने से।
दिखी जहाँ थी शीतल छाया,
बचती रही वहीं चलने से।

उलट गये सारे पैमाने,
सूरत को हम सीरत माने।
आज हकीकत यही दिख रही
कल की बात कौन है जाने।

कहाँ आस्था-आश्रय पाये।
किस मंदिर में दीप जलाये।
सुलग रही हैं सभी वेदियां
परछाई की शीश चढ़ाये।

कहना है इक बात जरूरी।
कहीं-कहीं रखना तुम दूरी।
जो दलील दे सच्चाई की
समझो कुछ होगी मजबूरी।

*****

बारिश की बूंदें

लिख गया नाम मेरा

लिख गया नाम मेरा
महक रहे फूलों पर।

धूप धूप जीवन है, प्यास फिरे कूप कूप।
ढंग इस यौवन का, खिला-खिला है अनूप।।

विरही मन तपता है
अलसाई रेती पर।
लिख गया नाम मेरा
नदी के दुकूलों पर।
लिख गया नाम मेरा
महक रहे फूलों पर।१।

पतझर की पीड़ा है, उपवन के सपनों में।
खींच तान मची हुई, रिश्तों की अपनो में।

साँसों की माटी में
उग आए काँटे हैं।
लिख गया नाम मेरा,
राह के बबूलों पर।
लिख गया नाम मेरा
महक रहे फूलों पर।२।

धीरे से रात ढले, महुआरी चूती है।
मड़वे के सपने में, बाज रही तूती है।

बारिश की बूंदें

ताप इन गुलालों का
बैरन सी पिचकारी।
गुणा भाग यादों का
फगुनाई धूलों पर।
लिख गया नाम मेरा
महक रहे फूलों पर।३।

प्रीति सात जन्मों की, बँधी सात फेरों में।
पर रोती अहिबातिन, निशा के अँधेरों में।

बदनामी बनी हुई
मेरी परछाई है।
लिख गया नाम मेरा
बपुरी इन भूलों पर।
लिख गया नाम मेरा
महक रहे फूलों पर।४।

*****

61

जाग उठी है सोई कल्पना

जाग उठी है सोई कल्पना,
हरी हो गई सूनी बस्ती।
कितने ज्यादा तुम सुंदर हो,
जैसे हो साक्षात सरस्वती।

तुम्हें देखकर बह उठता है,
मन में प्रेम पियूष का झरना।
झरने से मेरा क्या होगा,
जीना या कि शायद मरना।

क्या बतलाऊँ तुमसे मुझको,
इतना ज्यादा प्यार हो गया।
इक मीठी मुस्कान तुम्हारी,
मेरा हर सिंगार हो गया।

नित-प्रति दर्शन दिया करो,
यह विनती सौ-सौ बार करूँगी।
मधुर-मस्त दृग रश्मि कणों से,
यह खाली घट नित्य भरूँगी।

*****

बारिश की बूंदें

भटक रहा मन कहा न माने

भटक रहा मन कहा न माने।
कुसमय में बसंत बदराया।।

कितना यादों में हैं आते,
तेरी बस्ती के गलियारे।
मन में सुलग-सुलग जाते हैं,
सुबह-शाम के नदी किनारे।
रूठ गई लगती पनघट से,
पहले वाली हँसी-ठिठोली।
खोज खबर अब गाँव न लेता,
कहाँ गईं सखियाँ मुँह बोली।

हार पलासों की दहके हैं,
महुआ मदिर-मदिर महके हैं।
अंग कसकते करवट-करवट,
किस कुजोग यौवन गदराया।
भटक रहा मन कहा न माने,
कुसमय में बसंत बदराया।१।

आया है बदलाव ढंग में,
लोग दिखें मदिराए जैसे।
फाग कबीर नगरिया ढोलक,
फगुनाए बौराए जैसे।
अधर अधिक वाचाल हो गए,
सीख गईं आँखें मुस्काना।

बारिश की बूंदें

सतरंगी औ चटक हो गया,
सपनों का भी ताना-बाना।

भीगा-भीगा दिन मधुरस में,
रात नहीं प्राणों के वश में।
कोई भी धुन बजी साज पर,
मौसम राग मिलन का गाया।
भटक रहा मन कहा न माने,
कुसमय में बसंत बदराया।२।

परदेसी घर अभी न लौटा,
काजल और सिंगार अनखते।
दिशाहीन उठती शंकाएँ,
कुछ विरही भ्रम जाल पनपते।
छलक छिटक कर अंग लगेंगे,
रंग विविध करते हैं बातें
सपनों की मनुहार करेंगी,
अलसाई सी महकी रातें।

उत्सव के आए हरकारे,
उतरे रंग नयन में सारे।
धूम मचा कर बरपा फागुन,
मुझे प्रीति ने बहुत सताया।
भटक रहा मन कहा न माने,
कुसमय में बसंत बदराया।३।

*****

बारिश की बूंदें

छलका-छलका मन अकास का

65

छलका-छलका मन अकास का,
बदरा घिरे बही पुरवाई।

लोच आ गई डाल-डाल में,
लगी थिरकने है अमराई।
निखरा-निखरा रंग पात का,
हरियाली खुलकर मुस्काई।

कल की अमिया आम हो गई,
निखर गया यौवन बागों का।
भाव ढल गए स्वयं गीत में,
मेला संवर गया रागों का।

दरस-परस की इक पियास है,
सपनीली सी जगी आस है,
सकुचाया सा तन गदराया,
काजल लगी पलक अलसाई।।
छलका-छलका मन अकास का,
बदरा घिरे बही पुरवाई।

अब बिंदास संकोच हो गया,
नयनों के डोरे अरुणाए।
रंग लिए जादू-मन्तर के,
यौवन को सपने पछुआए।

बारिश की बूंदें

उलझ गया मन भटकावों में,
जैसे मन खोजे कस्तूरी।
कुछ विस्तारित अधिक हो गई,
प्राणों से प्राणों की दूरी।

बालापन कुछ ढीठ हो गया,
बतरस भी अब मीठ हो गया।
पावस रितु का रोग लग गया,
मचल गई कोरी तरुणाई।
छलका-छलका मन अकास का
बदरा घिरे बही पुरवाई।

ढंग अलग है अपना दिखता,
जगते नयन देखते सपना।
मुस्कानों में यह मुस्कानें,
खोज रही जन्मों का अपना।

पग-पग पर भारी पड़ता है,
इस अपने यौवन को ढोना।
किसकी-किसकी बात सुने मन,
किसका-किसका अनखे रोना।

नजर हो गई है बनजारा,
है अच्छी लगती मझधारा।
रोमांचो ने ताप जगाया,
साँसों की सरगम मदिराई।
छलका-छलका मन अकास का,
बदरा घिरे बही पुरवाई।

बारिश की बूंदें

चाहती हूँ।

चाहती हूँ।
सुबह की गुनगुनी धूप-सी
समा जाना चाहती हूँ
तुम्हारे भीतर
चिड़ियों की तरह
चहकना चाहती हूँ
तुम्हारे स्वरों के कंपन में
गीली मिट्टी की देह-सी
घुल जाना चाहती हूँ
पानीदार गंध में
हवा-सी भर जाना चाहती हूँ
सांसो के स्पंदन में
उतर जाना चाहती हूँ
तुम्हारी आत्मा में
प्राथर्ना के अंतिम शब्द-सी
सूरज के डूबने से पहले
चाहती हूं तुम्हें
जी लेना पूरा दिन
प्यास भर पीना
एक जीवन की भरपूर तृप्ति के लिए....

*****

बारिश की बूंदें

जहाँ कहीं सिर टेका हमने

जहाँ कहीं सिर टेका हमनें,
भाल कलंकित होता आया।

डरने लगी नमन करने से,
श्रद्धाएं मन में भरने से।
लिखी जहाँ थी शीतल धारा,
बचकर चली वहीं जलने से।
हाथ डुबाये जिसने अपने,
पड़े फफोले रोता आया।
जहाँ कहीं सिर टेका हमने,
भाल कलंकित होता आया।१।

उलट गये सारे पैमाने,
सूरत की हम सीरत माने।
आज हकीकत यही दिख रही,
कल की आप स्वयं ही जाने।
निश्चित पूजा छली गई तू,
खुली आँख जो सोती आयी।
कहाँ आस्था आश्रय पाये,
किस मंदिर में दीप जलाये।
रिक्त मिली है सभी वेदियां,
भगवत्ता देकर पछताई।

विश्वासों की देहरी पर भी,
विश्वासों को खोती आयी।

बारिश की बूंदें

कहना चाहूं बात जरूरी,
कहीं-कहीं रखना तुम दूरी।
जो दलील दे सच्चाई की
समझो कुछ होगी मजबूरी।

पुष्प चढ़ाये जिसको हमने
पथ में कांटें बोता आया।
जहां कहीं सिर टेका हमने,
भाल कलंकित होता आया।२।

*****

बारिश की बूंदें

जागी ले अँगड़ाई ऊषा

जागी ले अंगड़ाई ऊषा।

छलती रही नींद प्राणों को,
पूरी रात सपन भटकाये।
मन भी बहुत उड़ा मनमाना,
सतरंगे पखने फैलाये।

शबनम के हैं मोती बिखरे,
कलियों के बचकाने नखरे।
आकर के इतराई ऊषा,
जागी ले अंगड़ाई ऊषा।१।

वन की ताजी महक समेटे,
विचर रही है हवा भोर की।
लाली हुई और गाढ़ी है,
जागे नयनो के सुकोर की।

चिड़ियां चहकी गाय रम्हाई,
मंदिर भजन वंदना गाई।
साँसों को महकाई ऊषा,
जागी ले अंगड़ाई ऊषा।२।

कसर–मसर के बच्चें जागे,
हर कपाट ने साँकल खोली।
तोता की रट राम नाम की
भूख सताई मैना बोली।

बारिश की बूंदें

कागा ताके बैठ बड़ेरी,
धूप दिख रही चढ़ी मुड़ेरी।
किरण कलश छलकाई ऊषा
जागी ले अंगड़ाई ऊषा।३।

*****

बारिश की बूंदें

घिरे मेघ बरसी ये आँखें

घिरे मेघ बरसी ये आँखें,
खिले फूल महकी ये पांखें।
जागे चंदन वन अलसाए,
मोर पपीहा कोयल गाए।

पुरवा लौटी गंध उलीचे,
सांस-सांस कस्तूरी सींचे।
पछुआ पत्तों को सहलाकर,
बैठी है महुआ के नीचे।

हँसे गगन, मुस्काए बदली,
ओढ़ वसन तन कोमल उजली।
कामातुर हो निखर रही है,
गौर वर्ण बादल को पगली।

मीठी कसमें मान-पान की,
बालें महकी हरे धान की।
ख्यालों की रतनारी आँखें,
बातें ले बैठी विहान की।

प्रीत पगे क्षण सुघड़ सलौने,
भरे नजर में जादू-टोने।
मन की चातुर चितवन मीठी,
करे इशारे बिछा-बिछोने।

बारिश की बूंदें

कोई शिकवे-गिले नहीं हैं,
महक बांटते फूल खिले हैं।
जन्म-जन्म की प्यास बुझेगी,
आज हृदय से हृदय मिले हैं।

हवा फिर रही बदन उघारे,
बिहँस रहे अम्बर में तारे।
पूजा तुमको वरण करेगी,
प्रियतम आओ मन के द्वारे।

*****

73

अरी बावरी ढूंढ़ रही क्या

अरी बावरी ढूंढ़ रही क्या,
जंगल-जंगल रात लिए।
अंधियारो से पूछ रही क्या,
अंतस पीड़ा पात लिए।

किसकी चितवन से घायल है,
किसकी धड़कन में जीती है।
किसके गम में उतर डूब कर,
विष का प्याला नित पीती है।
आलिंगन को जल-धाराएं,
ठहरी है सौगात लिए।
अरी बावरी-----

आँखों की देहरी में बैठी,
किसकी सुंदर अनुकृति हो।
दूर देश की तन्वंगी या
मेरी मधुरिम स्मृति हो।
कहो रूपसी मुक्त कंठ से
कनक कलेवर गात लिए
अरी बावरी-------

इम्तहान लेती हो मन का,
नित स्वप्नों में बन बदली।
भर अमृत बन बूंद बरस जा,
अंतस्थल की गली-गली।

बारिश की बूंदें

पागल प्रेमी राह तके है,
आँखों मे बरसात लिए
अरी बावरी-------

कितना मुश्किल हुआ मनाना,
हठी हृदय को शब्दों से।
कवि सुजान खामोश रहे है,
नहीं बाँध पाये छंदों से।

ये पानी क्या मुँह से बोले,
मुरझाए जलजात लिए।
अरी बावरी ढूंढ़ रही क्या
जंगल जंगल रात लिए।

***

नेह का परिचय न पाया

नेह का परिचय न पाया शुष्कता में दिन गंवाया
ऊवना भाया जगत से व्यर्थ यूँ जीवन बिताया।
बोलता एक झुनझुना है।

राह न देखी किसी की भावनाएं है पिसी-सी,
गंध के झोखे न पाये पंगुता है बेबसी-सी,
कीच में मोती सना है।

है अभी बाहर अंधेरा, जब जगे होगा सबेरा,
एक सूरज ही बहुत है, दूर करने को अँधेरा,
ज्योति का नायक बना है।

दिवस का श्रृंगार कर लें रैन में अभिसार भर लें,
जो यथा हम चाहते है, द्वंद छोड़ें पार कर लें,
नवल क्षण नव साधना है।

है हवा का आचमन यह, धूल भी छूती गगन हैं,
पंक में पंकज खिले है, हौसलों का ये जतन है,
स्वयं का ही सामना है।

एक बीड़ा तो उठायें, जिंदगी को जगमगाएं,
साहसी के साथ जग है, दर्द को सर न चढ़ाएं,
सिसकना अवमानना हैं।

*****

बारिश की बूंदें

ठंडक की हरजाई रातें

ठंडक की हरजाई रातें,
ठिठुरे से पथराए दिन हैं।

सिमटा नहीं ताप प्राणों का,
सुधियों ने विद्रोह कर दिया।
सारा सगुन हो गया झुठा
मन में तप्त विछोह भर दिया।

एक उचाट दे गया मन को,
मीठी पीर दे गया तन को।
बोरों ने गमकाई रातें,
फागुन के मदराये दिन है।
ठिठुरे से पथराये दिन हैं ।१।

अँगनाई के अलस रूप को,
छत पर बैठी धूप निहारे।
सुधियों की सारी हलचल को,
साँस जतन से है मनुहारे।

करवट-करवट बिस्तर जागे,
तपता मन पल-पल अनुरागे।
महुआ ने महकाई रातें,
पछुआ से मदराये दिन हैं।
ठिठुरे से पथराए दिन है।२।

बारिश की बूंदें

पुरवा हवा चले लट खोले,
गगन घिरें बादल कजरारे।
राग मल्हार निकल कर वन से,
विचर रहा है द्वारे-द्वारे।

मंहका धुंआ रसोई जागी,
गाया भजन प्राण वैरागी।
बिन चंदा उजराई रातें,
पावस के बदराये दिन हैं।
ठिठुरे से पथराए दिन हैं।३।

*****

बारिश की बूंदें

पूजा पूछ रही मम्मी से

पूजा पूछ रही मम्मी से,
भोजन में क्या आज बनेगा।

जन्म दिवस था कल भैया का,
फिर भी कुछ न बन पाया था।
भूखे पेट रहे थे पापा,
तुमनें भी क्या कुछ खाया था।

भूख-भूख का खेल बताओ,
कितने दिन ये और चलेगा।
भोजन में क्या आज बनेगा।१।

मंहगाई की मार के जिस पै,
मिलती नहीं मजूरी पूरी।
भटकन में दिन कट जाते हैं,
रात रही रोटी से दूरी।

कपड़ो में भी लगे थैगड़े,
भैया पर स्कूल हंसेगा।
भोजन में क्या आज बनेगा।२।

साहू जी की बड़ी हवेली,
देख-देख बस्ती मुस्काती।
उनके घर की महक निराली,
उसमें ही अपना सुख पाती।
आँखों में श्रद्धा झरती है,

बारिश की बूंदें

ईश्वर अपने दिन पलटेगा।
भोजन में क्या आज बनेगा।३।

नदिया की रेता में खेले,
बड़े हो गये कितने जल्दी।
दादी की नजरों में फिर भी
आज वही हम लल्ला-लल्ली।

समय बीतते देर न लगती,
कल जाते न समय लगेगा।
भोजन में क्या आज बनेगा।४।

समय एक सा कभी न रहता,
समझाकर दादी कहती है।
सब्र करो वे दिन भी आयेंगे
जिनमें खुशियां भी रहती हैं।

साहस का दामन न छोड़ें
कदमों में आकाश झुकेगा।
भोजन में क्या आज बनेगा।५।

बड़े होंगे जल्दी से हम,
होगी कभी न घर में तंगी।
बिटियां रानी बोल रही है,
होगी न किस्मत बेढंगी।

पढ़ लिखकर होशियार बनेंगे
भैया खूब कमायेगा।
भोजन में क्या आज बनेगा।६।

बारिश की बूंदें

तुम आये तो

तुम आये तो हैं मधुर हुए सपनें मेरे।

अनायास मधुमास आ गया आँगन तक।
भावो के सतरंगी फूल महकते हैं।
मन पांखी में मंजुल छंद चहकते हैं।
मेरे नयनों में तिरते सावन के झूले हैं।
अधरों पर लाल रंग गुलाब फूले हैं।
तुम आये तो मधुरस सा मन में बरसा हैं।
फिर जीने का मधुमास आ गया आँगन तक।
तुम आये तो हैं मधुमास आ गया आँगन तक।

प्राणों में फागुन जैसा कुछ गदराया है।
सबन्धों का यह अपनापन सरसाया है।
कुछ देखे से परिदृश्य लगे अन देखें से।
इस चाल चलन के बदल गए है लेखे से।
तुम आये तो चंदन सा महका घर आँगन तक।
छलका-सा उल्लास आ गया आँगन तक।
तुम आये तो मधुर हुए सपनें मेरे।
फिर अनयास मधुमास आ गया आँगन तक।

कुछ सुधियों में बीते प्रसंग अँखुआये है।
कमसिन प्राणों ने कितने धोखे खाये हैं।
झूठे आरोपो को कितनी पलकें ढोई हैं।
थी बेकसूर आँखें फिर भी पल-पल रोई हैं।
तुम आये तो अंतस का मौसम बदल गया।
फिर हास संग परिहास आ गया आँगन तक।
तुम आये तो हैं मधुर हुए सपने मेरे।
फिर अनायास मधुमास आ गया आँगन तक।

आलस की गोद को

आलस की गोद को,
भर रही दोपहरी,
नींद लगी गहरी।

अनमने खड़े पेड़,
बेल पत्र झड़े पेड़,
सूखी हवाओं की,
गूंगी स्वर लहरी।

कोटर वीरान से,
कण्ठ सुनसान से,
दुबक रहे पखेरू,
आतप जो ठहरी।

किरणों के राज में,
व्यस्त कामकाज में,
उड़ने को नीर भरा,
कौन बने प्रहरी।

रमुआ का खेत है,
रस्ता भर रेत है,
वातानुकूल घर जिनके,
उनके-घर देहरी।

*****

बारिश की बूंदें

मैं सौ–सौ दीप जलाई हूँ

मैं सौ सौ दीप जलाई हूँ,
मन के अँधियारो की खातिर।

अंगारों के बीच राह है,
पर यात्रा लिख दिया भाग ने।
अधरों को मुस्कान मिली है,
जलन पाँव को दिया आग ने।

प्राणों की अपनी लघुता को,
मैं निधियों सी चाहत देती।
पल-पल मन की पीड़ा को,
इन सुधियों में राहत देती।

कोना–कोना महकाई हूँ,
प्रणयी मनुहारों की खातिर।
मैं सौ-सौ दीप जलाई हूँ,
मन के अंधियारों की खातिर।१।

छत छूटी, डेहरी छूटी,
कुछ दिन को छूट गए अपने।
फिर भी बेगाने बंजर में,
आये कुछ मीठे सपने।

रखती समेट कर प्राणों में,
कुछ बिछुड़े पल-दृिन राहों से।

बारिश की बूंदें

करने न पाते आलिंगन,
अपनी इन तपती बाहों से।

इतने सुमधुर हूँ गीत रची,
भटके बनजारों की खातिर।
मैं सौ सौ दीप जलाई हूँ
मन के अँधियारो की खातिर।२।

कुछ भिनसारे के रंग चुरा,
सतरंगी चूनर कर डाली।
अलसाए गालों पर मल ली
सँझियाए से पल की लाली।

मनमानी इधर–उधर फिरती,
यह हवा नहीं कहना माने।
अपने ही घर में कुछ पल को
हो जाते खुद से अनजाने।

मधुमास बुला कर लाई हूँ
अपने अभिसारो की खातिर।
मैं सौ सौ दीप जलाई हूँ
मन के अँधियारो की खातिर।३।

*****

तेरी प्रीति सनी पीड़ा में

तेरी प्रीति सनी पीड़ा में,
अंतस में उजियार हो गया।

लगी नींद तो सपने आए,
तेज हवा संग बौछारों के।
रंगों की बरसात हो गई,
ढंग गगन के फगुहारों के।
मैं बौराई तुम बौराए,
भीगे-भीगे नाचे गाए।

विहंगों के मीठे कलरव से
नींद खुली भिनसार हो गया।
तेरी प्रीति सनी पीड़ा से,
अंतस में उजियार हो गया।१।

सुधियों ने ऐसा भरमाया
उलझ गया यह ताना बाना।
छलकी पलक नयन अंसुआए,
मन का जागा रोग पुराना।
चलते-चलते कहाँ आ गई,
सांस निगोड़ी गंध पा गई।

दिन मदिरायें फगुनाये से
ऐसे में अभिसार हो गया।
तेरी प्रीति सनी पीड़ा से
अंतस में उजियार हो गया।२।

बारिश की बूंदें

पायल वाले इन पावों ने,
माटी को चंदन कर डाला।
रूप गढ़ा जैसे देवों ने,
यौवन का बंदन कर डाला।

उपकारी इस तन को मन को,
मनुहारी मेरे जीवन को,
तेरी एक छुअन से पूजा,
मन फूला कचनार हो गया।
तेरी प्रीति सनी पीड़ा से
अंतस में उजियार हो गया।३।

*****

काव्य की अनगिन विधाएं

काव्य की अनगिन विधाएं कौन समझेगा?
कल्पना कोमल लतायें कौन समझेगा?

शब्द का ब्रह्माण्ड नित बदला हुआ,
अर्थ खोती यातनाएं कौन समझेगा?

कलम बढ़ती है निरन्तर साधना पथ पर,
सब नियम प्रतिबद्धताएं कौन समझेगा?

किस तरह लय, लोच, पर विश्राम हो,
सूक्ष्म सारी मान्यताएं कौन समझेगा?

जब हृदय अनुभूतियां लय से मचलती,
खोजती चहुँ दिस दिशाएं कौन समझेगा?

मौन भी होता है मुखरित ध्यान दीजै,
लिख गई कितनी ऋचाएँ कौन समझेगा?

गीत कितनी तरह के गाते रहे, सुनते रहे,
पर नजर की भंगिमाएं कौन समझेगा?

*****

बारिश की बूंदें

गगन तले मिलती है

गगन तले मिलती है,
मनचाही छाँव।
सम्हल-सम्हल धरती पर,
रखते जो पाँव।

वैचारिक है नजर-नजर,
ऊँच-नीच डगर-डगर,
बढ़ते है पग जिनके,
निर्देशित ठाँव।

भटकन के गलियारे,
छोड़कर चलेंगें।
नहीं मिली मंजिल पर,
हाथ न मलेंगें।
मेहनत की सृष्टि में,
सफल हुये दाँव।

धीरज मत खोना है,
साहस है साथ।
प्राप्य हो अप्राप्य हो,
अपने सर माथ।

साँसों के खेत पर
निष्ठा के बीज।
समय के मुहाने पर,
होते हैं चीज।
लहर-लहर पार चले,
कागज की नाव।

बारिश की बूंदें

जब तक चलेगी, जिंदगी की साँसें

जब तक चलेगी जिंदगी की सांसें,
कहीं प्यार कहीं टकराव मिलेगा।

कहीं बनेंगे सम्बंध अंतर्मन से तो,
कहीं आत्मीयता का अभाव मिलेगा।

कहीं मिलेगी जिंदगी में प्रसंसा तो,
कहीं नाराजियों का वहाब मिलेगा।

कहीं मिलेगी सच्चे मन से दुआ तो,
कहीं भावनाओं में दुर्भाव मिलेगा।

कहीं बनेंगे पराए रिश्ते भी अपने तो,
कहीं अपनों से ही खिंचाव मिलेगा।

कहीं होगी खुशामदें चेहरे पर तो,
कहीं पीठ पर बुराई का घाव मिलेगा।

तू चली चल पूजा अपने कर्मपथ पर,
जैसा तेरा भाव वैसा प्रभाव मिलेगा।

*****

मची हुई है जगह-जगह पर

मची हुई है जगह-जगह पर आयोजन की होड़।

प्रतियोगी है चाल समय की,
अच्छे और बुरे में।
मध्य मार्ग के सहज वरन-पग,
पहुँच गये खतरे में।
आगे कौन-कौन है पीछे,
सधी हुई घुड़दौड़।

खेलों के सरताज शीर्ष पर,
बुद्धि फिर रही मारी।
शहंशाह की धुन तो देखो,
गाने की बीमारी।
आमदनी का सुलभ रास्ते,
बना रहे गठजोड़।

सन्यासी भी लिये भव्यता,
अनगिनती भगवान।
अवसर बना रहा है इनके,
चरणों की पहचान।
विधि-विधान के चक्कर देखो,
कृष्ण बने रणछोड़।

बड़े-बड़े चोरी में माहिर,
जेबकटी में कोई।
गुंडागर्दी गली-गली में,

बारिश की बूंदें

लिये फिर रही लोई।
गाय पुत्र अपमानित होते,
सम्मानित है घोड़।

लोकतंत्र की नारेबाजी,
धरने और प्रदर्शन।
अवरोधित होते चौराहे,
स्वांग रचाते अनशन।
सरकारें लाचार रही है,
खोज सर्की न तोड़।

रोटी भले नहीं है घर में,
सजधज बहुत जरूरी।
भूखे रहकर शान बघारे
कैसी ये मजबूरी।
खाज गरीबी अरु महंगाई,
उस पर फैशन कोढ़।

पशुओं की अब जान निजी हैं,
उन पर अपनी बाजी।
साथ हमारे चलना होगा,
राजी या नाराजी।
कहाँ मनुजता जाकर बैठी,
कहाँ धरे है गोड़।
मची हुई है जगह-जगह पर
आयोजन की होड़।

*****

हिंदी भाषा राष्ट्र की

हिन्दी भाषा राष्ट्र की, हिन्दी मेरी बोल।
हिन्दी ने ही रचा है, भावों का भूगोल।।

हिन्दी में ही सोचते, हिन्दी में ही बात।
हिन्दी में ही बाँटते, प्राणों की सौगात।।

हिन्दी मेरा प्राण है, और महकती साँस।
जीवन में हर पल रचे, जीने का विश्वास।।

भारत माँ के भाल पर, अहिबाती सिन्दूर।
भजनों में है महकती, बन कर गंध कपूर।।

पाले पोसे कवि इसे, कर के लाड़ दुलार।
पहुँची ऐसी उमर तक, अब चाहे सिंगार।।

रासो की यह वीर रस, साँगा की तलवार।
यह भाले की चमक है, यह तेगा की धार।।

सामंतो की शत्रु है, प्रजातंत्र की कोख।
कहीं बाल मन सी सहज, अरु यौवन-सी चोख।।

*****

पीली चूनर

पीली चूनर पहिन कर, हुआ अलौकिक रूप।
फूली सरसों महकती, ओढ़े पीली धूप।।

प्राणों पर कितना चटक, चढ़ा बसंती रंग।
इस यौवन की आँच से, लगे लहकने अंग।।

तन पर पीले वसन हैं, मन में पीली आग।
पवन बसंती छू गई, जागा सोया राग।।

रतनारे से नयन में, है खिल गया बसंत।
अधिक मुखर मौसम हुआ, फगुनाए से कंत।।

हल्दी छूने से हुए, एकदम पीले हाथ।
अमिलतास की छाँव में, सुधि में मितवा साथ।।

रंग विरंगे फूल के, हैं अनंग के बाण।
धँस जाते हैं चीर कर, घायल करते प्राण।।

तन-मन रँगा बसंत में, अलकें हुई उदंड।
धूप चिकोटी काटती, लुकती छिपती ठंड।।

दोषी मेरा मन नहीं, दोषी यह मधुमास।
इसके आने से जगी, पिया मिलन की आस।।

*****

दीप जले सुंदर लगी

दीप जले सुन्दर लगी, सजी कलूटी रात।
अंधकार ने देख ली, दीपक की औकात।।

पूजा लक्ष्मी की हुई, वंदित हुए गणेश।
यह है पर्व उछाह का, भूले प्राण कलेश।।

मिष्टानों की भीड़ में, पकवानों की गंध।
आवभगत हर घर करे, मिटा गए सम्बंध।।

चौंकाए बम की धमक, करे अनार अंजोर।
नयन-नयन सब के चमक, करते बच्चे शोर।।

भीतर बाहर हर जगह, फैली चटक उजास।
लक्ष्मी के दरबार में, करते सब अरदास।।

मन में जगमग जल गए, कुछ सुधियों के दीप।
मोती जैसी प्रीति है, यह मन जैसे सीप।।

अंधकार के पृष्ठ पर, यह उजास का गीत।
आज उजाला चल रहा, लिखता पल-पल जीत।।

दीप दान जल को मिला, लहरें करें किलोल।
बहती नदी समेट कर, ऐसे पल अनमोल।।

*****

मार कोरोना की पड़ी

मार करोना की पड़ी, देश हुआ कंगाल।
पीछे शासन दौड़ता, चले करोना चाल।।

कोई नाहर हो भले, या हो तीरनदाज।
घर के बाहर निकर कर, वो दिखलाए आज।।

बाहर डंडा पुलिस का, डाट डपट फटकार।
कारण पूछें बाद में, पहले करें प्रहार।।

अँकड़ी-अँकड़ी सड़क पर, डटी पुलिस दिन रात।
घर में करते लोग अब, धीरे-धीरे बात।।

नेताओं का बज रहा, चैनल-चैनल गाल।
शोसल डिस्टेंसिंग बनी, सामाजिक दीवाल।।

घात करोना की घली, हुए लोग मजबूर।
पैदल चल कर मर रहे, सड़कों पर मजदूर।।

अपनी ही सरकार से, प्रजातंत्र बेहाल।
अभी गलेगी देश में, बस गुजराती दाल।।

यह शासन की खोट है, शासन का छरछंद।
कूबत नहीं निदान की, देश कर दिया बंद।।

*****

बारिश की बूंदें

प्यासा-प्यासा मन फिरे

प्यासा-प्यासा मन फिरे, तन की भूख निनार।
नयन-नयन यौवन खड़े, जागे बदन निखार।।

इस गदराए रूप के, कथा प्रसंग तमाम।
चुना न अब तक प्रीति ने, अपनी खातिर नाम।।

अल्हड़ सा यह मन रहे, सपनाया दिन-रात।
पीर सहेजे जतन से, करके सुख की बात।।

सपनों की इक परी से, जुड़ी प्राण की डोर।
कितना कसकी सांझ यह, कितना कलपी भोर।।

विहंग विरह का गा रहा, मन में बैठा गीत।
पवन सावनी रच रहा, बूंदों से संगीत।।

अंतस में जलती रहे, सदा मोह की आग।
छलके तपते अधर से, मधुरस सना पराग।।

कितनी पीड़ा दे रहा, मितवा यह संबंध।
सुख की खातिर किया था, मितवा यह अनुबंध।।

*****

बारिश की बूंदें

बीत गया है, जाने क्या-क्या

बीत गया है जाने क्या-क्या।
और बचा है जाने क्या-क्या।

हाथ बढ़ाकर क्या मैं दे दूं,
माँग रहा है जाने क्या-क्या।

पल भर मुझको जो सुन लेता,
बोल गया है जानें क्या-क्या।

हँसती तो है आँखे लेकिन,
दर्द छुपा है जाने क्या-क्या।

मेरे दिल के पार उतर कर,
झाँख रहा है जाने क्या-क्या।

कल के थोड़े सुकूँ की खातिर,
आज सहा है जाने क्या-क्या।

धुँआ-धुँआ है आलम सारा
रात जला है जाने क्या-क्या।

ठहरो दिलवर ''पूजा'' कर लूँ,
हृदय कहा है जाने क्या-क्या।

*****

बारिश की बूंदें

रोज मिलते हैं

रोज मिलते हैं मुलाकात नहीं होती हैं।
हाथ हिलते हैं मगर बात नहीं होती है।

इश्क वालों का जहां सबसे जुदा होता है,
शाम होती है महज रात नहीं होती है।

एक सा रंग हुआ जब भी आ मिले हम-तुम,
इश्क दुनिया है जहाँ जात नहीं होती है।

दिल की बातों में गवाही की जरूरत कैसी,
मिलने-जुलने में बड़ी बात नहीं होती है।

गीली चादर को सुखाते हैं धूप में अक्सर,
कौन कहता है कि बरसात नहीं होती है।

*****

आँखों में छाए रहते हो

आँखों में छाए रहते हो।
मुझमें क्या देखा करते हो।

किसकी सोहबत में रहते हो,
चंदन सा महका करते हो।

दिन में सूरज रात में चंदा,
ढले शाम बादल बनते हो।

दिल की धड़कन पूछ रही हैं,
बोलो, क्या मेरे लगते हो।

तन्हाई के आलम में भी,
यादों में मिलते रहते हो।

एक बात बतलाते सच–सच
तुम किसकी ''पूजा'' करते हो।

*****

बारिश की बूंदें

आफताब था नाम तुम्हारे

आफताब था, नाम तुम्हारे।
माहताब था, नाम तुम्हारे।

जो पन्नों में, सूख गया है,
वो गुलाब था, नाम तुम्हारे।

टूट-फूट कर, बिखर गया जो,
वही ख्वाब था, नाम तुम्हारे।।

रूठ गई जिससे, बहार थी,
वह शबाब था, नाम तुम्हारे।

नहीं मोतबर, जिसे कर सकी,
वह खिताब था, नाम तुम्हारे।

तार-तार कर, गई मुकद्दर,
वह हिजाब था, नाम तुम्हारे।

नहीं जुबां पर, कभी ला सकी,
वह जवाब था, नाम तुम्हारे।

लौटा नहीं, जिन्दगी पायी,
इक अदाब था, नाम तुम्हारे।

*****

बारिश की बूंदें

चाँदनी मुस्कुराती

चाँदनी मुस्कुराती रही रात भर।
रश्म उल्फत निभाती रही रात भर।

चाँदनी में उतर कर नहाते रहे,
वस्त्र दरिया सुखाती रही रात भर।

नींद कैसे सुलाएगी देकर असर,
याद उनकी सताती रही रात भर।

कैसे सरगम उठे हैं गजल गीत के,
रागिनी गुनगुनाती रही रात भर।

ये ठहरना किसी का सुकूँ दे गया,
जिंदगी गीत गाती रही रात भर।

बेवफा वो न आए मुलाकात को,
नाम लेकर बुलाती रही रात भर।

देवता, पूजा मन्दिर में आये नहीं,
सर झुकाकर मनाती रही रात भर।

*****

प्रजातंत्र अब तार-तार है

प्रजातंत्र अब तार-तार है, धन्य सियासत।
राम राज का बस प्रचार है, धन्य सियासत।।

हुक्म चलाएंगे अपराधी संसद से अब,
कौन कहेगा यह सुधार है, धन्य सियासत।।

कुर्सी-कुर्सी भ्रष्टाचारी, अनुशासित हैं।
रिश्वत का खुलकर प्रचार है, धन्य सियासत।।

शोर मचा कानून बन रहे मनमानी सब,
भ्रष्ट तंत्र की मुंधी मार है, धन्य सियासत।।

संवैधानिक पद सारे अब बंधुआ मजदूर है।
चढ़ा दलाली का बुखार है, धन्य सियासत।।

हर ऋतुओं में अब चुनाव का मौसम रहता।
भाषण-वादों का प्रचार है, धन्य सियासत।।

सत्याग्रह को यह सरकार, दिखाती ठेंगा।
पुलिस देश की लट्ठ मार है, धन्य सियासत।।

*****

बारिश की बूंदें

कोई ठहरा है आज

कोई ठहरा है आज आंखों में।
रंग गहरा है आज आंखों में।

कैसे-कैसे सहेज कर रक्खें,
रूप बिखरा है आज आंखों में।

जिससे मिलते रहे है ख्वाबों में,
उसका चेहरा है आज आंखों में।

दिल जो रोयें तो साथ मत देना,
सख्त पहरा है आज आंखों में।

कौन फिर से है डूबने वाला,
पानी उतरा है आज आंखों में।

कौन फूलों तरफ निगाह करें,
हुश्न सँवरा है आज आंखों में।

है सुहागन गजल वही "पूजा"
जिसका मिसरा है आज आंखों में।

*****

103

बारिश की बूंदें

खिड़कियाँ खोल रखें

खिड़कियाँ खोल रखें चाँद निकलने दीजै।
रोशनी कितनी, कहाँ है, ये समझने दीजै।

रुत भी बदलेगी फजाएँ भी महक जाएंगी,
रातरानी को जरा और महकने दीजै।

वक्त के साथ हरिक चीज बदल जाएगी,
मन ये बच्चा है इसे तेज न चलने दीजै।

हर तरफ धूप मगर छाँव ढूंढ़ ही लेंगे,
दोनों पैरों को जरा घर से निकलने दीजै।

सहर होने पे नजारों में मिलेगी ''पूजा''
रात बाकी है अभी रात से मिलने दीजै।

*****

बाद मेरे मेरा निशां जाए

बाद मेरे मेरा निशां जाए।
आग पानी हवा धुआँ जाए।

चाँद तारों की भीड़ से मिलने,
कौन धरती से आसमाँ जाए।

प्यास लेकर तुम्हीं चले जाओ,
पानी-पानी कहाँ कुआं जाए।

बस्तियाँ दूर बहुत हैं उनकी,
इश्क तन्हा कहाँ कहाँ जाए।

जिक्र अपना यहाँ चले न चले,
देवता हैं जहाँ वहाँ जाए।

किस तरह के सफर हुए अब के,
जब भी जाए तो कारवाँ जाए,

कशमकश कैसी आज है पूजा,
मेरी न न में उनकी हाँ जाए।

*****

खुशियों का अधिकार है होली

खुशियों का अधिकार है होली।
प्राणों का त्योहार है होली।।

फगुनी हवा बदल दे चोला।
मन से मन का प्यार है होली।।

अपनापे का यह मौसम है।
अनुरागी मनुहार है होली।।

फाग उमंगें हंसी ठिठोली।
सुख सागर का ज्वार है होली।।

तन भी भीगे मन भी भीगे।
रंगों की बौछार है होली।।

अंतस को धो पावन करती।
बहती रस की धार है होली।।

राग जगा देती मन-मन में।
इक ताजी भिनसार है होली।।

अंग-अंग रोमांचित करती।
छुअन-छुअन अभिसार है होली।।

छोट-बड़े का भेद मिटाती।
बहती मदिर बयार है होली।।

बैर-भाव खोजे ना मिलता।
जीवन पर उपकार है होली।।

बारिश की बूंदें

चाँद दरिया उतर नहा जाए

चाँद दरिया उतर नहा जाए।
आसमाँ सारा जगमगा जाए।

दिन का सूरज उदास क्यूँ डूबे,
उसके खतिर चलो हँसा जाए।

लोग जो अब नहीं हैं दुनिया में,
नाम उनका भी ले लिया जाए।

लोग जो करते बात से जादू,
ले चलो उनके घर मिला जाए।

दिल से चाहत अगर गई मानो,
गैरमुमकिन है फिर से आ जाए।

यह जहाँ अब उसी का है पूजा,
प्यार सागर में जो समा जाए।

*****

लट सुलझाई शाम ढल गई

लट सुलझाई शाम ढल गई।
मैं मनुहाई शाम ढल गई।।

साज सिंगार किया थोड़ा सा।
घर महकाई शाम ढल गई।।

पलकें ताक रहीं कजरौटा।
आँख सजाई शाम ढल गई।।

तुलसी चौरा औ देहरी पर।
दिया जलाई शाम ढल गई।।

मीत लौट कर घर को आए।
नजर मिलाई शाम ढल गई।।

प्यासे नयन किए आमंत्रित।
मैं मुस्काई शाम ढल गई।।

कुछ पल बैठी साथ मीत के।
मन सहलाई शाम ढल गई।।

चूल्हा ताक रहा था मुझको।
आग लगाई शाम ढल गई।।

*****